Tableaux et Dessins

CONDITIONS DE LA VENTE

Elle sera faite au comptant.

Les acquéreurs payeront cinq pour cent en sus des enchères.

L'acquisition des Tableaux et Dessins faisant l'objet de la présente vente ne confère pas à l'acheteur les droits de reproduction qui restent réservés.

CATALOGUE

DES

Tableaux et Dessins

Par

BOURGAIN, BOYER, DAWANT, DELORT.
FRANÇOIS FLAMENG, JULES GARNIER, GRASSET, JEANNIOT.
LE BLANT, LYNCH, MAURICE LELOIR, LUMINAIS.
ADRIEN MARIE, ADRIEN MOREAU,
ROCHEGROSSE, TATTEGRAIN, A. WEISZ

ayant servi à illustrer différents ouvrages.

LA VENTE AURA LIEU

HOTEL DROUOT, SALLE N° 7

Le **Mardi 24 Avril 1894**, *à 2 heures*

EXPOSITION PUBLIQUE

LE **Lundi 23 Avril 1894**, DE 1 HEURE 1/2 A 5 HEURES 1/2

Mᵉ Georges BOULLAND
COMMISSAIRE-PRISEUR
26, rue des Petits-Champs

M. Henri HARO
PEINTRE-EXPERT
14, rue Visconti et rue Bonaparte, 20

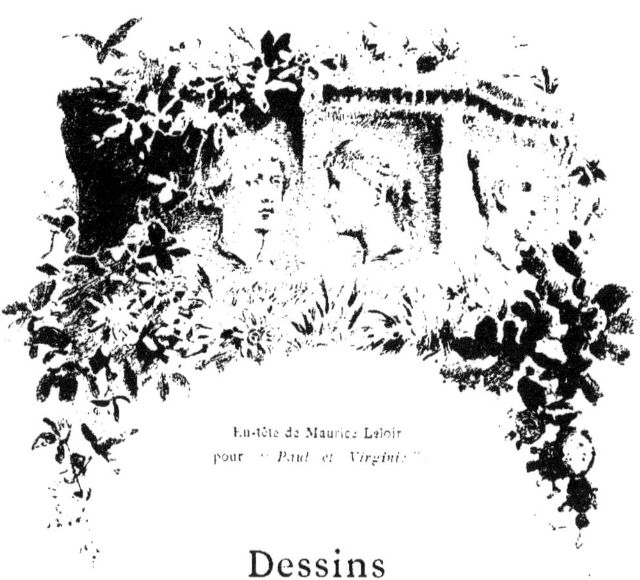

En-tête de Maurice Leloir
pour " *Paul et Virginie* "

Dessins

De LE BLANT

AYANT SERVI A ILLUSTRER *MAUPRAT*
(*Édition Quantin*)

1. **Je me cramponnais** avec frayeur à la croupière du cheval ou à l'habit de mon grand-père.

2. **Vous êtes un misérable !** dit Edmée en me repoussant de sa cravache.

3. **Mon oncle Laurent,** mortellement blessé, venait expirer sous nos yeux.

4. **Je pris Edmée dans mes bras** et la portai à l'autre bord du ruisseau.

5. **Je couvrais de mes lèvres** la blessure que j'avais faite à Edmée...

6. **Edmée me passa l'anneau** au doigt, en adressant quelques reproches à l'abbé...

7. **Jean Mauprat** était debout auprès du lit...

8. **Edmée** avait reconnu Jean Mauprat sous le capuchon du moine.

9. **Edmée était étendue** par terre, baignant dans son sang...

10. **Pendant que Marcasse** accomplissait son périlleux trajet, deux coups de feu partirent de la tour...

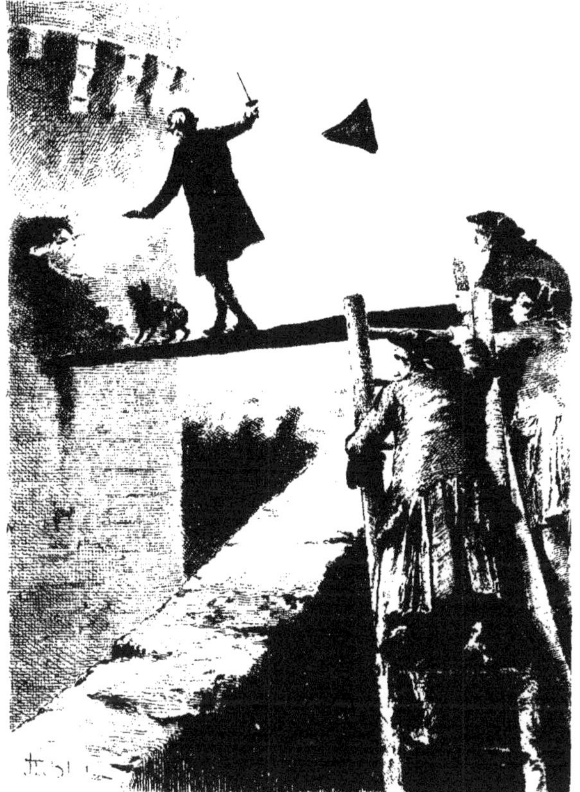

H. Toussaint sc.

A. QUANTIN ÉDIT.

Tableaux en Grisaille

De JEANNIOT

AYANT SERVI A ILLUSTRER *GERMINIE LACERTEUX*
(*Édition Quantin*)

11. Après avoir fait son pèlerinage de tombe en tombe, Mlle de Varandeuil s'asseyait sur un pliant et songeait...

12. Regardez-moi, mademoiselle, dit Germinie...

13. Elle allait s'asseoir avec Jupillon sur le talus des fortifications...

14. Tiens, te v'là ! En voilà une, de surprise... dit Jupillon, quand Germinie fut devant lui...

15. Germinie prenait son enfant dans sa jupe et s'asseyait sur l'herbe, pendant que Jupillon pêchait à la ligne...

16. **Allant à la table** où la mère et le fils sommeillaient à demi, Germinie posa un vieux morceau de toile qui sonna...

17. **Le peintre** dressa son grand corps dégingandé, et. sous son chapeau qu'il abaissa, montra son crâne chauve et poli...

18. **Des mains la poussaient par derrière,** vers la table où étaient les couteaux. Elle fermait les yeux : puis, ayant peur, se retenait aux draps.

19. **Mon argent ?** dit Germinie en se dressant devant Jupillon, les bras croisés...

20. **Et dans chaque baiser,** Mlle de Varandeuil percevait vaguement un marmottement de paroles...

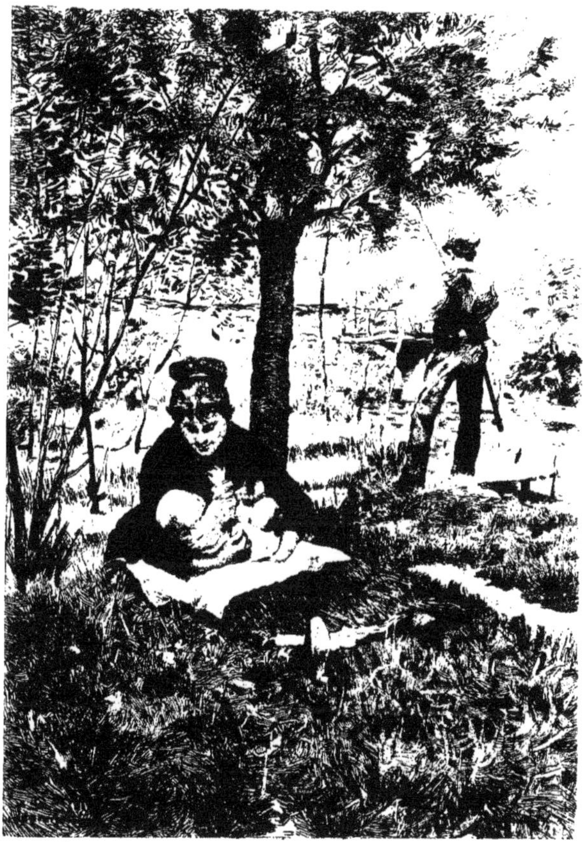

Dessins

De MAURICE LELOIR

AYANT SERVI A L'ILLUSTRATION DE *PAUL ET VIRGINIE*
(Édition Launette)

21. La Grâce de l'esclave.

22. Virginie sur le vaisseau.

23. Paul et Virginie portés sur un brancard par des noirs marrons.

24. Paul et Virginie assis sous les palmiers.

25. Paul sur le rocher.

26. Mme de La Tour et Marguerite apprenant la mort de Virginie.

27. Virginie se baignant à la fontaine.

28. **Virginie fuyant** Paul.

29. **Virginie** chez les malades.

30. **Enterrement** de Virginie.

31. **Virginie s'entourant les pieds** avec des feuilles de scolopendre.

32. **L'ecclésiastique** engageant Virginie à partir pour la France.

33. **Le cercueil de Virginie** porté par des jeunes filles.

34. **Le vieillard** essayant de tirer Paul de sa noire mélancolie.

35. **Paul reprochant** à Mlle de La Tour de laisser partir Virginie.

36. **Bientôt ils aperçurent** leurs mères et Marie qui venaient au-devant d'eux avec des tisons flambants.

37. **Il plaça ses soldats** sur le rivage et leur ordonna de faire feu de leurs armes tous à la fois.

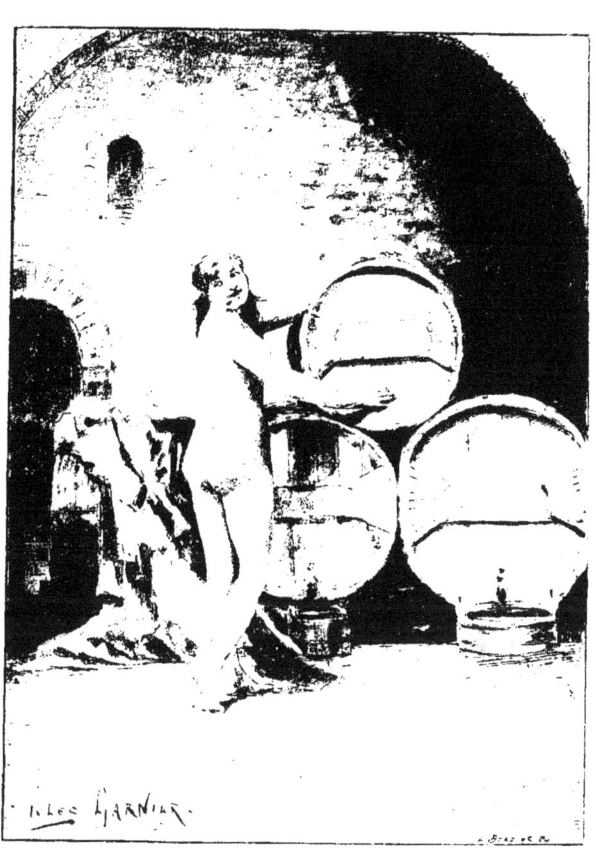

Dessins

De JULES GARNIER

AYANT SERVI A L'ILLUSTRATION
DES *FACÉTIEUSES NUITS DE STRAPAROLE*
(*Édition Jouaust*)

38. Les facétieuses nuits.

39. Première nuit, fable III.

40. Deuxième nuit, fable II.

41. Troisième nuit, fable III.

42. Quatrième nuit, fable I.

43. Cinquième nuit, fable IV.

44. Sixième nuit, fable IV.

45. Septième nuit, fable II.

46. Huitième nuit, fable II.

47. Neuvième nuit, fable IV.

48. Dixième nuit, fable I.

49. Onzième nuit, fable I.

50. Douzième nuit, fable I.

51. Treizième nuit, fable XI.

52. Dessin inédit.

Tableaux en Grisaille

De LYNCH

AYANT SERVI A ILLUSTRER *LA DAME AUX CAMÉLIAS*
(*Édition Quantin*)

53. Buste de femme (*inédit*).

54. En-tête du chapitre I.

55. En-tête du chapitre II.

55 *bis* En-tête du chapitre VIII.

56. ... Armand, sans pouvoir détourner son regard de cette figure, avait porté son mouchoir à sa bouche et le mordait...

57. Elle remonta dans sa calèche et partit.

58. Nous fûmes forcés de nous arrêter pour laisser passer Marguerite et le duc.

59. **Une toux**, légère au commencement du souper, était devenue à la longue assez forte pour la forcer à renverser sa tête sur le dos de sa chaise...

60. **Nous allions à pied**, comme deux enfants, courir le soir dans les Champs-Élysées.

61. **Les larmes voilaient ma voix**. Je ne pus répondre qu'en pressant Marguerite sur mon cœur.

62. **Et, cachant sa tête** dans ma poitrine, elle me disait : C'est que tu ne sais pas combien je t'aime.

63. **Une demi-heure après**, Marguerite, pâle comme une morte, mettait sa pelisse et quittait le bal.

64. **Je roulai** auprès du feu le fauteuil dans lequel elle était assise.

65. **Aujourd'hui**, je me suis levée un peu, et, derrière les rideaux de ma fenêtre, j'ai regardé passer cette vie de Paris...

Tableaux en Grisaille

De DAWANT

AYANT SERVI A ILLUSTRER *CINQ-MARS*
(*Édition Quantin*)

66. Le silencieux voyageur baisa les mains de sa mère et la salua ensuite profondément.

67. ... Votre Éminence doit être satisfaite, tout a été fini dans les vingt-quatre heures ; on n'y pense plus.

68. ... Le jeune d'Effiat aperçut bientôt cinq cavaliers qui se dirigeaient vers lui.

69. Le cardinal, saisi d'horreur et de pitié, s'écria : Ah ! pour l'amour de Dieu, finissons cette affreuse scène : emmenez cette femme, elle est folle !

70. La reine voulut se mettre à la fenêtre et l'entr'ouvrit, appuyée sur l'épaule de la duchesse de Mantoue.

71. **De Thou** s'avança vers le buste de son père et ouvrit un grand livre placé au p[illegible].

72. **Le jeune étranger** appuya son coude sur la table, et de sa main couvrit ses yeux grands et beaux.

73. **L'abbé** fut hors de l'église avant que Cinq-Mars eût le temps de se lever pour le suivre...

74. **Jésus !** comme il dort, dit le capucin stupéfait.

75. **Cinq-Mars** répondit du haut de la tour par un geste de sa main, à ceux de sa famille.

Dessins

De A. WEISZ

AYANT SERVI A ILLUSTRER *GERFAUT*
(*Édition Quantin*)

76. ... Le voyageur écarta les branches dont il était couvert...

77. ... Gerfaut obéit sans répondre, après avoir lancé à Clémence un regard de reproche.

78. ... Je voulus l'entraîner, mais au bout de quelques pas je la sentis chanceler...

79. ... Gerfaut essuyait avec un foulard le sang qui coulait de son front...

80. ... Clémence tirait ses lettres une à une du sein où elle les avait placées...

81. … **Les doigts blancs** et effilés de la clef de *sol* furent en prison dans ceux de la clef de *fa*…

82. … **Gerfaut passa la main** derrière la tête charmante posée sur son sein…

83. … **Christian poussa Lambernier** dans le sentier qu'il lui avait indiqué…

84. … **Au même instant** un coup de feu se fit entendre…

85. … **Clémence** s'était avancée sur le balcon, appuyée sur la balustrade…

Dessins

De ADRIEN MARIE

AYANT SERVI A ILLUSTRER *MONSIEUR LE MINISTRE*
(Édition Quantin)

86. Ça?... c'est la souscription pour Mlle Legrand...

87. Sabine rayonnante s'était levée en voyant entrer Sulpice Vaudrey...

88. Je ne sais pas ce que c'est que la joie aujourd'hui, dit Marianne...

89. Marianne regardait, toute pâle, par-dessus l'épaule de Sulpice.

90. Marianne souriait en écoutant M. de Rosas...

91. ... J'aime le bronze!... J'aime le bronze!... s'écriait le général en levant son verre...

92. **Le commissaire** effleurait du bout de l'ongle la boutonnière de Lissac...

93. **Sulpice se jeta** aux pieds d'Adrienne...

94. **Marianne avançait,** tête haute...

95. **Rosas la regardait** toujours, penché sur elle...

Divers Dessins et Grisailles

SUR PANNEAUX

96. Adrien Moreau. Mariage de Louis XIII.

97. Bourgain. Jean-Bart.

98. Boyer. La Bataille d'Ivry.

99. Delort. Marie-Antoinette à Trianon.

100. François Flameng. Une Ambassade.

101. François Flameng. Prise de la Bastille.

102. Grasset. Bataille de Granson.

103. Luminais. La Mort de Brunehaut.

104. Rochegrosse. Camp du drap d'or.

105. Tattegrain. Corsaires à Toulon.

8248. — MAY et MOTTEROZ, Lib.-Imp. réunies,
7, rue Saint-Benoît, Paris.

www.ingramcontent.com/pod-product-compliance
Ingram Content Group UK Ltd.
Pitfield, Milton Keynes, MK11 3LW, UK
UKHW020528180726
13839UKWH00005B/2387

9 782329 517087